Rabbi Jehoseph ben Hanan ben Nathan ha-Ezobi

Die silberne Schale

übersetzt von Johannes Reuchlin

aus Pforzheim

im Jahre 1512

Abbildung 1: ARA CAPNIONIS

herausgegeben und übersetzt

von Norbert Flörken

Zur Textgestaltung:

Der Text folgt der Vorlage der BSB München[1]. Zwei weitere, identische Ausgaben befinden sich in der Österreichischen Nationalbibliothek in Wien[2] und in der Bibliothèque Humaniste von Sélestat[3]. Die Wiedergabe folgt weitgehend der Münchner Vorlage; so wurde das „u" weiterhin für „v" verwendet (uniuersam); allerdings sind zur besseren Lesbarkeit diese Abkürzungen / Sonderzeichen aufgelöst worden:

ā zu am oder an, z. B. historiā → historiam, euāgelicam → euangelicam

ē zu em oder en, z. B. omnē → omnem, sapiētię → sapientiae

ō zu om oder on, z. B. cōpositione → compositione, nō → non

ū zu um oder un, z. B. iudaeorū → iudaeorum, inuenerūt → inuenerunt

ę zu ae, z. B. sapiētię → sapientiae

q zu que, z. B. Platoneq → Platoneque, qritabāt → queritabant

m mit Überstrich, em → enim

Im folgenden steht der Originaltext in dieser Serifenschrift, Anmerkungen und Ergänzungen und Übersetzung des Herausgebers sind in dieser serifenlosen Schrift gesetzt. Gross- und Kleinschreibung sind beibehalten worden; die Zeichensetzung ist nur an den Stellen, an denen es nötig oder hilfreich erschien, ergänzt/geändert worden. Im Text sind runde Klammern der Vorlage ( ) durch { } ersetzt worden. Streichungen werden durch ( ), Ergänzungen oder Auslassungen durch [ ] gekennzeichnet.

Bild auf der Titelseite: „ARACAP-NIONIS" = Ara Capnionis = Wappen des Capnio, gräzisierter Name des Reuchlin.

Impressum

Bibliographische Information der Deutschen Nationalbibliothek:

Die Deutsche Nationalbibliothek verzeichnet diese Publikation in der Deutschen Nationalbibliographie, detaillierte bibliographische Daten sind im Internet über http://dnb.dnb.de abrufbar.

© Norbert Flörken

Herstellung und Verlag:

BoD – Books on Demand, Norderstedt

ISBN 9783752898231

[1] Signatur Res/4 Paed.th. 412#Beibd.1; urn:nbn:de:bvb:12-bsb00009622-0.

[2] Signatur 45.J.27, https://books.google.de, mit übermässig vielen zeitgenössischen Bemerkungen; ausserdem Signatur 76.B.120, http://digital.onb.ac.at/OnbViewer/viewer.faces?doc=ABO_%2BZ186320907 ; am18.05.2019.

[3] In einem Sammelband: http://bhnumerique.ville-selestat.fr/client/fr_FR/search/asset/4669 am 18.05.2019.

RABI JOSEPH HYSSOPÆVS PARPInianensis iudæorum poeta dulcissimus ex hebraica lingua in latinam traductus a Ioanne Reuchlin Phorcensi legum imperialium doctore.

Rabbi Joseph Ezobi aus Perpignan, der liebenswürdigste Dichter der Juden, übersetzt aus dem Hebräischen ins Lateinische von Johannes Reuchlin aus Pforzheim, Doctor der kaiserlichen Rechte.

Inhalt

Einleitung

Reuchlin

Der Text Reuchlins zum Gedicht des Rabbi Jehoseph Ben Hanan ha-Ezobi[4] aus Perpignan ist für die Neuausgabe ausgewählt worden wegen seiner Seltenheit und der Umstände seiner Erstveröffentlichung. Wir befinden uns im Jahre 1512, der Streit um die Bücher der Juden (siehe (Flörken 2014)) ist in vollem Gange. Der Jurist und Humanist Johannes Reuchlin hat leidenschaftlich Partei ergriffen gegen die Bestrebungen, den Juden in Deutschland alle Bücher wegzunehmen und zu verbrennen. Der Kaiser, Bischöfe und der Papst, mehrere Universitäten sind mit dem Thema befasst. Flugschriften für und gegen die Juden und ihre Bücher werden fast im Jahresrhythmus mit Hilfe der neuen Technik des Druckens publiziert.

Reuchlin befasst sich seit langem mit der hebräischen Sprache und Grammatik und gibt im Laufe der Jahre entsprechende Wörterbücher und Grammatiken heraus. In Thomas Anshelm findet Reuchlin ab 1511 einen Drucker, der sich besonders um hebräische Drucke verdient gemacht hat. Im Herbst 1512 veröffentlichen Reuchlin und Anshelm in Tübingen das erste gedruckte Buch mit hebräischen Schriftzeichen in Deutschland: die sog. Buß-Psalmen zweisprachig (Reuchlin 1512).

Ezobi

Das Gedicht des Joseph Ezobi, der im 13. Jahrhundert gelebt hat, heisst auf hebräisch »Ka'arat ha-Kesef[5]«, auf lateinisch »lanx argentea«, auf deutsch »Silberne Schale«, auf Englisch »Silver Bowl/Dish/Plate«. Welche Ausgabe Reuchlin besessen hat, ist unbekannt[6]; aus dem Jahr 1488 gibt es einen Sammelband, gedruckt von Gershom [in] Soncino[7]; diesen fünfteiligen Sammelband hat in den 1880er Jahren die Bibliothèque Nationale in Paris erworben[8]. Aus dem ausgehenden 15. Jahrhundert gibt es in der Braginsky Collection in Zürich eine weitere Mischhandschrift zum jüdischen Lebenszyklus, die die »Silberne Schale« enthält[9]. Die Österreichische Nationalbibliothek besitzt seit 1849 eine Handschrift aus dem 14. oder 15. Jahrhundert (Cod. Hebr. 88), die die in Abb. 1 gezeigte Miniatur enthält.

---

[4] Latinisiert zu: Hyssopaeus, mehr dazu unten Anmerkung 18.

[5] Abweichende Schreibweise: Qa-arat ha-Qesef.

[6] Nach (Abel/Leicht 2005, 56) ist Reuchlins Exemplar nicht erhalten, vermutlich verschollen.

[7] nach: https://en.wikipedia.org/wiki/Hebrew_incunabula und www.jewishencyclopedia.com/articles/13914-soncino .

[8] nach: (Schwab 1886); heute: https://catalogue.bnf.fr/ark:/12148/cb32289923z.public .

[9] Evtl. aus Ferrara, nach: https://www.e-codices.unifr.ch/de/list/one/bc/b-0259 .

(Wolf, Bibliothecae Hebraeae volumen iii. 1727, 378 f) verzeichnet eine hebräische Ausgabe von 1559, eine lateinische von 1561; eine Handschrift existiert nach seinen Angaben in der Bibliotheca Rhedigeriana in Breslau. Eine gedruckte Ausgabe von Amsterdam 1814 wurde vom Auktionshaus Kestenbaum in New York 2011 für 700 $ verkauft (Kestenbaum, Catalogue of fine Judaica. Printed Books, autograph Letters, Manuscripts ... 2011). Ein Exemplar des Reuchlin-Buches wurde 2006 von Kestenbaum für 8,000 $ bis 10,000 $ angeboten (Kestenbaum, Catalogue of fine Judaica. Printed Books, autograph Letters, Manuscripts ... 2006, 61). Jean Mercier (Joannes Mercerus, 1510-1570) hat 1561 in Paris eine zweisprachige Audgabe veröffentlicht.

(Freedman 1896) bringt nach einer Einleitung zur Person Josephs eine englische Übersetzung des Gedichts, ohne seine Vorlage zu benennen. Zu Beginn hat er 14 Zeilen Einleitung, die bei Reuchlin fehlen. Auch im weiteren Verlauf weicht sein Text immer wieder von Reuchlins Fassung ab, so dass sich die Vermutung aufdrängt, dass die »Silberne Schale« in zwei – oder gar mehreren – Varianten existiert.

Reuchlin hat seine Übersetzung in Hinkjamben geschrieben: ein antikes Versmaß, das aus einem jambischen Trimeter besteht, wobei der letzte

Jambus durch einen Spondeus oder einen Trochäus ersetzt ist, wie z. B. das Carmen 8 des Catull: »Miser Catulle, desinas ineptire«. Seine Übersetzung soll keine wörtliche sein (»verbum verbo minime«), weil ihm wichtiger ist, die Struktur des Gedichts/des Liedes zu erhalten. Die vorliegende deutsche Übersetzung des lateinischen Textes entfernt sich verständlicherweise noch weiter vom hebräischen Original, nicht zuletzt, weil sie in der »oratio soluta« – in der ungebundenen Rede – verfasst ist. Dem Hebräischen eigene Metaphern und Bilder können auf diesem Wege verloren gegangen sein, wie z. B. der Spruch auf Grabsteinen: »Möge seine / ihre Seele eingebunden sein in das Bündel des Lebens.«

Vater Joseph gibt seinem Sohn Samuel anlässlich seiner Hochzeit ein Bündel von Ratschlägen mit auf seinen weiteren Lebensweg. Dabei beziehen sich die meisten auf das Leben in der – jüdischen – Gemeinde, die wenigsten auf seine künftigen Aufgaben als Ehemann oder Vater. Es fehlen auch jegliche Anweisungen oder Hilfestellungen zu dem Zusammenleben mit der christlichen Mehrheitsgesellschaft, abgesehen von der Distanz zu den griechischen Philosophen.

IOANNES REVCHLIN PHORCENSIS
l[egum] doctor & sueuiæ triumuir
externorum librorum studiosis
S[alutem] D[at] P[lurimam].

Johannes Reuchlin aus Pforzheim, Doctor der Rechte
und Richter beim Schwäbischen Bund,
entbietet allen Forschern fremdländischer Schriften
seinen Gruss.

[Johannes Reuchlin: Vorrede]

Philosophiam uniuersam cupidissimi sapientiæ amatores, & omnem artem literariam a iudæis ipsis primum ortam, et ad nos usque [a] Pythagora Platoneque longo tractu deriuatam esse, testis est Eusebius noster de præparatione euangelica libro undecimo, ubi tantus ille uir & omnis antiquitatis tam peritus haud obscuram texuit historiam, fuisse iudæorum quosdam legum sacrarum ac aenigmatum expositores, quos secum clarios solebant nuncupare, qui in cantuum odarumque solerti compositione suos erudiebant, tanta sermonis elegantia, ut si quis linguae suæ peritiam habeat, eloquentissimos certe multos eorum oratores fuisse putabit. Sunt etiam inquit apud eos artificiosissima carmina uidelicet Heroica, Trimetra, Tetrametra, & id genus cetera, quæ scripturarum expositores illi secundarii, tanque rationalis philosophiae cultores, ex professo[?] uersabant, & logici negocii studiosis tradebant. Quod enim platonici asseruerunt sapientiae studium quae philosophia uocatur treis species seu parteis habere, ut L. Apuleius ille Madaurensis in libro suo

Daß die gesamte Philosphie und Literatur ihren Anfang bei den Juden genommen haben, ist uns seit Pythagoras und Platon bekannt, auch Eusebius bezeugt es. Die Juden haben seit alters her die religiösen Gesetze erklärt und ihre Kinder in kunstvollen Gesängen erzogen.

"peri hermenias"[10] scribit, Naturalem scilicet Moralem & Rationalem, hoc ipsum multis ante philosophos temporibus & inuenerunt priores & obseruarunt iudæi. Qui eadem illa partitione ternaria inter se statum sibi publicum & uiuendi et sentiendi praesumpserunt. Quod posteris nobis prodidit ille princeps tyriorum Porphyrius[11] de abstinendo a carnibus animalium uolumine quarto. Ita ergo tria erant omnino genera iudaeorum. Sadducaei nanque sola post legem ducebantur natura. Morales autem fuerunt Essæi. Sed <>

Es gab drei Gruppen unter den Juden : Die Sadduzäer, die Essener und die Pharisäer.

Logici hoc est rationales seu orationales qui scripturis inhiabant dicti sunt pharisaei. Quae quidem nomina pro suo idiomate haud facile poterant enunciare[12] græci. quare nos sequaces eorum in idem linguæ uitium ut alias sæpe, ita & hoc in loco ablegauerunt. Appellabantur enim hebraice [...]13 zadikai, hoc est iusti eo que iustitiam natura duce sequebantur. Et [...] ossai hoc est operarij quoniam manibus sibi uictum queritabant, omnia in commune conferentes, Vnde fuerunt a graecis licet non recte quasi osioi a sanctitate dicti. Et [...] phorsai hoc est expositores, quia

---

10 = Apuleius von Madauros: „Περι ερμενειασ" / „Über die Aussage".
11 Porphyrios (griechisch Πορφύριος Porphýrios, latinisiert Porphyrius * um 233 in Tyros; † zwischen 301 und 305 in Rom) war ein antiker Philosoph, Verfasser von „De abstinentia" / „Von der Enthaltsamkeit tierischer Nahrung".
12 In der Vorlage: „euunciare".
13 An dieser und den folgenden Stellen stehen hebräische Schiftzeichen.

exponendis scripturis cathedræ prope-
rant, quos prisci græcorum deutorotas
uocauere, id est secundarios, ab hebraico
uocabulo […] id est deuterosis, hoc est
secundina, quasi secunda lex, quo no-
mine thalmud id est doctrinale nuncu-
pabant. Eo fit, ut ijdem sint pharisaei
deuterotæ secundini uel secundarij &
thalmudici. Finiuntur autem hæc no-
mina in ai loco terminationis im, pluralis
numeri, ut pro zadikim, ossim, & phor-
sim, dicam zadikai, ossai, & phorsai, si-
cut in rudimentorum nostrorum uolu-
mine tertio facie 613 eruditi estis. Cum
igitur legerem eos hebræorum doctores
etiam poeticis carminibus dedisse ope-
ram {fatendum est enim} primo sub-
dubitaui, commotus non leuiter iudæo-
rum obtorta lingua {ut ait Hieronymus
in epistola ad Titum} & solutis labijs &
stridente saliua & rasa fauce. Iam enim
mihi uix illud persuadere poterant Philo,
Iosephus, Origenes, Eusebius & cæteri,
quoniam & si heroicum deprehenderam
primum psalterij uersum, tamen omnes
secundi recalcitrare uidebantur, Nisi ad-
mittere pindaricas commisceri mensuras
uel comicorum indiscretam confusio-
nem plurima licentia tolerari. Post au-
tem quam inter alios <a ij>

bibliothecæ meæ libellos incidi
forte fortuna in Hyssopaeum poetam
hebraicum,   mox   cessauit   omnis

titubatio, iam irrepsit non dubitatim fides, & eliminabam confestim anteriorum super componendo carmine incredulitatem, Vidi uidi oculis istis meis quod auribus non concessissem in tantulo illius uoluminis corpore tantam syluam rerum & sententiarum copiam, rhythmicorum ac musicorum acerrima norma & uerborum numerorum uocum aequabili iudicio festiuiter amussitatam, ut omnium industriam doctrinarum sequeretur etiam inopinabilis aurium uoluptas. Ego uero ea conditione natus, ut optimarum artium quas & summo labore & grauissimis impensis, multo quoque tempore acquisiui, non sim inuidus distributor, instar Apollonianæ uolucris effusum triticum cæteris auibus renunciantis, quo lautius pascerentur, ut est apud Philostratum libro quarto, mirifice gaudeo lectiones quas uel ferula magistra uel meopte ingenio didici alijs communicare. Nullum est enim bonum inquit Manlius Seuerinus de hypotheticis syllogismis, quod non pulchrius elucescat si plurimorum noticia comprobetur. Quare nobilissimi lectores qui pro insita generosis animis uestris admiratione, etiam hebraicorum auctorum desyderio æstuatis, quoniam ita uos uelle coniicio, mecum ipse constitui poema illud hebraicum Iosephi Hyssopæi parpinianensis — si modo possim —

Unter meinen Büchern entdeckte ich zufällig den hebräischen Dichter Hyssopäus ; ich fand einen « Wald » von Dingen und eine Menge von Sätzen, Rhythmen und Musik.

uobis latinum efficere, non ut mea dictione quæ tenuissimo filo constat et infimi generis est illustretur assiduitas lectionis vestrae, sed ut qualicunque munusculo fiat nota singularis erga uos beneuolentia mea. Scio enim quam difficile sit linguas < >

transferre alteram in alteram tota & integra manente sententia, magis autem fieri non posse, ui atque statu uerborum singulorum nusquam mutato, cui astipulantur omnes quotquot sunt interpretes. Nihilominus sudorem uirtutis non abhorrens, & asperrimos calles & ardua culmina iuxta Hesiodum imperterrito conatu audebo uersum uersui & numero numerum æquare, quanquam uerbum uerbo minime, id quod cum latinis de graeco est uetitum, tum est in hebraicis carminibus impossibile, taceo de soluta oratione[14], propter græci latinique sermonis si hebræae linguae conferantur pauperiem, ut sanctus Hieronymus super Isaiam libro de cimo affirmauit. Nuncquod ad argumentum attinet, sane breue est.

Rabi Ioseph Hyssopæus in parpiniana ciuitate uxorem dedit filio Samueli, & in nuptiarum die audientibus conuiuis omnibus epithalamium hoc ad mensam cecinit, carmen Gamelium [=γαμηλιον] iambico metro

Rabbi Joseph in Perpignan verheiratete seinen Sohn Samuel ; am Hochzeitstag hat er vor allen Gästen dieses Hochzeitsgedicht bei Tisch vorgetragen in Hinkjamben, die kein verständiger Mensch als barbarisch bezeichnen würde. Es heisst « Silberne Schale » und besteht aus 262 Zeilen.

---

[14] In der Vorlage: „orōne".

12

hipponactium tanta suauitate linguæ hebraicæ, ut illam non iam esse barbaram omnis intelligens arbitretur, Cui titulus extat **LANX ARGENTEA**, quod translatio nostra uocat acceptabulum, non sicut mendosi codices habent acetabulum. Numeri [capitulo] septimo, donatum quodlibet a quolibet ducum israel in dedicatone altaris, pondo centum triginta unius siclorum, tot enim præsens poema sententias binis quibusque uersibus absolutas continet. Est nanque in summa uersuum ducentum & sexaginta duum. Eam lancem dotalitio ritu literosus pater philosophanti filio donauit, quasi cornucopiae in qua congeries omnigenum florum & fructuum pro sua opinione contineatur, Quali parente si meus calumniator ille indoctus & omnis <a iij>

In Numeri, VII, vers 13 steht : « Geschenkt wurde von jedem Fürsten Israels für den Altar eine Schale von 131 Pfund Schekel »; soviele Doppelverse hat das Gedicht. Insgesamt sind es 262 Zeilen.

Diese Schale hat der literarisch gebildete Vater dem philosophierenden Sohn geschenkt, gleichsam ein Füllhorn aller Blumen und Früchte seiner Denkungsart.

bonę artis expers iudaeus baptizatus etiam inter natricum uiperarumque genimina esset natus altus & auctus. plane haud tantam & tam detestabilem ad nos spurciciam & oris impuritatem attulisset. Nunc ex hara porcorum productus rabula, temerarius est hoc solo, quia indoctus, ut scribit Gregorius Nazianzenus in concione περι τησ εν διαλεξεσιν ευταξιασ[15] cum ait. quod temeritas est ruditatis proles. his uerbis

---

[15] = „Über die gute Ordnung im Gespräch" / De moderatione in disputando, http://www.documentacatholicaomnia.eu/04z/z_0329-0390_Gregorius_Nazianzenus_De_moderatione_in_disputando_MGR.pdf.html

θρασυσ δε αμαθιασ εκγονον[16] Quapropter audet idiota bestiarum lanius ante, at nunc hominum christianorum laniator & mendaciorum faber disputare de rebus quarumne uocabula quidem pronunciare nouit, taceo sensa intelligere. De quo dixit Rabi Eleazar filius Azariæ in thalmud his uerbis [...][17] significans apud temerarios non esse sapientia, ubi nihil timetur, et ubi non est scientia. ibi nullam affore prudentiam. Nunc conuiualem odam auscultemus hyssopei, quem Phocylidi anteponere multo liceat æquius, quam pro imperator Iulianus Phocylidem prætulerit Salomoni. <>

---

[16] = „Kühn ist der Sohn der Unwissenheit".
[17] Fast eine ganze Zeile in hebräischen Schriftzeichen.

Iosephi Hyssopaei Parpinianensis : LANX ARGENTEA

ex hebraico in latinum translata Io-
anne Reuchlin Phorcensi l[egum] doctore
interprete, metro iambico hipponactio,
iuxta uersum e uersu.

Figure 1: Titel der Wiener Handschrift

1.	Fili vide, accipe hanc tributionem.
2.	Munus patris, qui animo tibi cohæret.
3.	Hymenæa dos aptissima ad regendum
4.	Iter tuum, compesce nunc tumultum.
5.	Ego parens docebo te, quis autem
6.	Sicut pater te rectius doceret ?
7.	Audi ergo, nec despexeris loquentem.
8.	Pungant licet turbentque me dolores.
9.	Sum hyssopus[18], at sunt nostra uerba cedri.
10.	Et sermo sicut palma dactylorum.
11.	Leo corde quanque aspectione uulpes
12.	Mihi sunt lacerti in carmine atque uires.
13.	Mel in ore pro fauentibus, sed est fel
14.	Iurgantibus, donec apis resurgam.
15.	Audi patrem, te exoptat & cupiscit.
16.	Et moeret efflictim tuo recessu
17.	Ambobus est discessio statuta.
18.	Faciem meam mea uerba praefigurent.
19.	Optabilem mensam tibi paraui
20.	Ad prandium plus dogmatis refertum.
21.	Vbi lanx melus argentea est canori
22.	Pondo quot acceptabuli, tot orsa.
23.	Quot scutulæ quam principes tulere
24.	Ad corbanan in dedicatione.
25.	Nunc te docens non spero premiorum
< >	
26.	Mercedulam uel uestium uel auri.
27.	Nomen bonum & tua uirtuosa uita
28.	Retributio haec satis est mihi celebris.
29.	Nomen magistri possides auitum
30.	Samuel leo ualebat in caterua
31.	Par nomen est tibi, sint pares & artes
32.	Integritate uitæ & æquitate.
33.	Time deum, & cohaereto corde toto.
34.	Scito quod est uitalis & tremendus.
35.	Et unus & primus nouissimusque
36.	Opifex rei, sit facta seu creata.
37.	Decem beatæ intelligentiae sunt
38.	Sep[a]ratæ, & ultra habitat deus Hacabod.
39.	Locus omnium, at sibi nil locus uicissim

Hier, mein Sohn, nimm diese Widmung, ein Geschenk deines Vaters, der dir im Geist verbunden ist, ein Hochzeitsgeschenk, das deinen Weg leiten soll. Bezähme jetzt deine Unruhe. Ich, dein Vater, werde dich lehren – wer, wenn nicht dein Vater, könnte dich besser lehren ?

Höre also, und verachte nicht den, der da spricht, auch wenn mich die Schmerzen stechen und beunruhigen. Ich bin Hysop, aber meine Worte sind die der Zeder, und die Rede wie die Hand.

Ein Löwe im Herzen, wenn auch aussehend wie ein Fuchs, habe ich im Lied Oberarme und Kräfte. Honig im Mund für die Gütigen, aber Gift für die Streitenden, während ich als Biene auferstehe. Höre auf den Vater, er wünscht dich herbei und trauert tödlich über deinen Weggang. Für uns beide ist der Weggang festgesetzt, meine Worte sollen mein Gesicht formen. Einen Wunschtisch habe ich dir bereitet zur Mahlzeit, grösser als üblich, wo eine silberne Schale ist von wohlklingender Bedeutung, sowohl Willkommen als Beginnen. Soviele flache Schalen wie die Fürsten getragen haben zum Tempelschatz bei der Weihe[29].

Wenn ich dich jetzt lehre,
< >
hoffe ich nicht auf den geringen Lohn von Prämien oder Kleider oder Gold. Der gute Namen und dein tugendhaftes Leben ist mir genug Dank. Du besitzt den alten Namen eines berühmten Meisters : Samuel, der Löwe, war stark in seiner Gruppe. Du hast den gleichen Namen, gleich sollen sein die Unbescholtenheit und der Gerechtigkeitssinn.

Fürchte Gott, und folge ihm mit ganzem Herzen. Wisse, dass er lebendig und fürchterlich ist. Er ist der Eine und der erste und jüngste. Er hat alles geschaffen.

10 glückliche Erkenntnisse sind abgetrennt, und darüber hinaus wohnt Gott Hakavod [=der Gott des Ruhmes]. Der Platz von allen, aber für sich anderseits kein Platz ; genauso ist der Tempel Gottes geräumig ; er wird nicht zusammengehalten vom Himmel

---

[18] Der in der Bibel mehrfach erwähnte Ysop (Ex 12,22 EU; Lev 14,4 EU; Num 19,18 EU, hebr.: Esov; Joh 19,29 EU) ist eine Majoran- bzw. Oregano-Art. Als biblischer Ysop wird häufig Syrischer Ysop (Origanum syriacum, synonym: Majorana syriaca (L.) Kostel., Origanum maru L. genannt (Wikipedia).
[29] Anspielung auf Num. VII, 13, siehe oben.

40.	Ecquomodo templum dei capax est.
41.	Non continebitur polo nec orbe
42.	Quamuis Salem ei elegerit sedile.
43.	Aethernitatis rex, nec ipse corpus,
44.	Cuius signum candelabrumque mensaque.
45.	Effecit ex sex tunc, creando mundum.
46.	Creans eum sic non manu sed ore.
47.	Et cuncta naturae modis ligauit.
48.	Nihilominus foedus coit creatis.
49.	Hoc foedus est, sua fiat ut uoluntas.
50.	Quis eius os[19] contemnat & rebellet ?
51.	Ne transeas fili os suum atque legem
52.	Memor eius obseruatione cultus.
53.	Sequens uiros summæ eruditionis
54.	Fies eorum particeps honoris.
< >	
55.	Stulti sodalitas tibi exprobranda est
56.	Nunquid bonum ? in numero esse doctiorum.
57.	Vitare fucatos uiros memento
58.	Quorum osculum est apprime fraudulentum
59.	Nugæque eorum ac blanda ne incitent te
60.	Quia fauus os, cor est fel atque uirus.
61.	Senex tibi eligendus, haud iuuentus
62.	Male consulens molitur hanc[20] ruinam.
63.	Et elige os scribarum, ac haud librorum.
64.	Tibi fac magistrum, nulla spes libri esto.
65.	Centum effluunt sapientis ore chara
66.	Cum sit liber tantum unus in figura.
67.	Sapientiam acquire & simul scientiam
68.	Nec fac licere nundinationem.
69.	Ab arte declinato graicorum,
70.	Et uerba nasdaræa ne receptes
71.	De uinea horum auerte te, racemi
72.	Sunt de Sedom uitesque de Gomorra.
73.	Ducent enim te ad implicationem
74.	Vel in manus saltem expiationis.
75.	Lege grammaton in arte, bibliaue,
76.	Sed sit labor tibi maior in Gemara[21].
77.	Rei ut scias cuiusque iusque phasque
78.	Quid inter æquum intersit atque iniquum.
79.	Interque mundum utrinque & inquinatum.

oder der Erde, auch wenn er Jerusalem sich zum Sitz erwählt hat. Der Gott der Ewigkeit hat keinen Körper, dessen Zeichen der Leuchter oder der Tisch ist.
Er hat in sechs Tagen die Welt erschaffen, nicht mit der Hand, sondern mit dem Mund.
Und aller Natur hat er Grenzen gesetzt. Nichstdestotrotz geht er mit den Geschöpfen einen Bund ein, damit sein Wille geschehe. Wer missachtet sein Wort oder lehnt sich [gegen ihn] auf ?

Übergehe nicht sein Wort oder sein Gesetz, mein Sohn, halte ihn immer in Verehrung.

Wenn du gebildeten Männern folgst, wirst du teilhaftig ihres Ansehens. Den Umgang mit einem Dummen musst du missbilligen ; ist es nicht gut, im Kreise der Klügeren den falschen Männern aus dem Weg zu gehen ? Denke daran !

Ihr Mund ist in höchstem Masse trügerisch, und ihre Scherze und Schmeicheleien sollen dich nicht beeindrucken, weil Honig ist ihr Mund, ihr Herz aber Galle und Gift.

Wähle einen alten Mann, die schlecht beratene Jugend bewegt nicht diese Trümmer.
Und richte dich nach dem Wort der Gelehrten, mache dir kein Buch zum Lehrer, keine Hoffnung sei das Buch.
Hunderte kommen aus dem hellen Mund des Weisen, wohingegen ein Buch nur im Bild ist. Erwerbe Weisheit und Wissen,

und lass nicht zu den Umgang mit der gekünstelten Art der Griechen ; nimm nicht an die anmutigen Worte ; halte dich fern von ihrem Weinberg, ihre Trauben sind von Sodom und ihre Rebstöcke von Gomorrha.

Sie werden dich verwirren oder in die Gottlosigkeit stürzen.

Lies die Grammatik in der Kunst oder die Bibel, aber bemühe dich mehr um die Gemara, damit du kennst das Recht und Gesetze jedes Schuldigen, was der Unterschied ist zwischen gerecht und ungerecht, zwischen sauber und schmutzig.

Den Sprüchen schor und bor und den Gesetzen wende dein Herz zu, es reicht nicht, zu singen

---

[19] Wolf: „ius".
[20] In der Vorlage: „haec".
[21] = ein Teil des Talmud; in der Vorlage: „Gamara".

18

80. Sententijs schor borque legibusque

81. Cor applica, non sufficit sonare,

82. Nec vapulare super genam a docente.

83. Magister Alphes, cui decora laus est

<b>

84. Quis colligit tam docte – ut ipse – legem ?

85. Famelicos scientia cibauit,

86. Defecerat placentula, is nisi esset.

87. [22]*Sententiae horum semitae tuae sint*

88. *Et ab ore eorum sume regulam omnem.*

89. Et Moyses post hunc homo dei alter,

90. Cuiusque sapphiros super libri sunt

91. Et obryzo quoque gratiosiores

92. Et sunt hebræa & arraba loquela.

93. Fumus tuis pro naribus suauis.

94. Nunquid docent hominem uiam probatam ?

95. Sententiæ horum semitæ tuæ sint

96. Et ab ore eorum sume regulam omnem.

97. Et sæpe uade ad praedicationes

98. Vel ad Mechilta, Siphre siue Siphra,

99. Fili, sit & tibi carminis palæstra

100. Et tersa dulcedo suauitatis,

101. Vt fabrices uersus mihi canoros.

102. Ne uiribus sterilis uel horridus sis

103. Purgabis illos, dum exeant probati

104. Crebro mouens carmen quasi in cribello.

105. Et honestius studium est epistolare

106. In quo studeto puritati & arti.

107. Multum in suis scriptis homo notatur,

108. Vbi quisque de se testimonium fert.

109. Et est suum qui literis libroque

110. Opprobrium nudauit & retexit.

111. Quo diligens scribendo, nate mi, sis

112. Suauitas scripti librum decorat[23].

113. Specta parum dum nunciabo rursum

114. Tibi scientiam meam & monebo,

< >

115. Repone tecum omnes uias amussim.

116. Et calcula siue acta siue agenda.

117. Extremitates linque, & elige intra.

118. Istud bonum rectumque nuncupatur.

119. Animæ suum persolue ius, deinde

oder auf die Wange geschlagen zu werden vom Meister Alphesi – ihm sei Lob und Ruhm.

Wer erfasst so klug wie er das Gesetz ? Die Hungrigen hat er mit Wissen genährt, Kuchen gab es nicht, wenn er es nicht war.
Und Moses, nach ihm der andere Mann Gottes, dessen Edelsteine über den Büchern sind[?] und wertvoller als Gold und hebräische und arabische Wörter.

Der für deine Nase angenehme Rauch.
Weisen nicht ihre Sprüche den Menschen den richtigen Weg, sie seien dein Weg, und aus ihrem Mund entnimm jegliche Regel.
Und gehe immer wieder zu den Predigten oder zu [den Auslegungen über das] zweite, dritte, vierte und fünfte Buch Moses.

Mein Sohn, gehe in die Schule der Dichtung und der reinen Süsse der Lieblichkeit, damit du mir wohlklingende Verse schmiedest. Sei nicht kraftlos oder ungeschliffen !

Du wirst sie reinigen, bis sie geläutert hervorgehen, indem du das Gedicht ständig bewegst wie in einem Sieb.
Und besonderen Eifer setze aufs Briefe schreiben, bemühe dich um Klarheit und Kunstfertigkeit.
Der Mann wird wohl erkannt in seinen Schriften, worin jeder Zeugnis von sich gibt, und in seinen Briefen und im Buch enthüllt er seine Schande.

Durch das sorgfältige Schreiben xxx
Die Süsse des geschriebenen ziert das Buch.

Achte nicht genug, während ich dir wieder mein Wissen verkünde und dich ermahne.

< >
Bewahre bei dir alle Wege genau, und berechne Taten und Aufgaben.

Lass ab vom Äussersten, erwähle das naheliegende. Jenes wird gut und richtig genannt.
Erweise der Seele ihr Recht, danach was dem Körper nützt, beiden geschehe Genugtuung.
Trink und iss, aber in Ehren, damit es nicht unmässig und unehrenhaft sei, wenn die Leidenschaft deiner Seele beherrscht wird.
Herrsche du, halte sie fern von dem Einfluss.

---

[22] von (Wolf, Bibliothecae Hebraeae volumen iv. 1733) hierhin verlegt .
[23] Wolf: „decoret".

120. Quod corpori prodest, utrisque pax sit.

121. Bibe atque ede, at dic, fiat hoc honeste,

122. Vt non sit æquo alienum & immodestum,

123. Si animæ tuæ dominabitur cupido.

124. Tu uince, separaque eam a potente.

125. In uestibus sed lege non teneris.

126. Ex his habet uir gloriam atque honorem.

127. Cuba parum fili parumque dormi.

128. Vigilando nanque pascitur cupido.

129. A pigritudine spiritum repelle.

130. Plus est, ut incites quam ut inciteris.

131. Feriisque contemplare disputaue

132. In lege diuina reconditaque :

133. Nam dantur illæ non, ut replearis

134. Vino medullataque carne tantum,

135. Sed ut quiescas. septimus dies est.

136. Et eius hoc mysterium modusque

137. Noctes diesque orare in æde sacra

138. Presso tamen capite ac simul timore[24],

139. Certator autem de locis nec esto

140. Ob id nec est crepidini sedile.

141. Vir nanque dat loco suo decorem

142. Sed non locus uiro uicissim honorem,

143. Si quis iubet te, lex dei legatur.

<b ij>

144. Fac id cito ne ponderes cateruam.

145. Si de urbe in urbem transmigres, idem fac

146. Vtendo lege quemlibet grauante.

147. Sæpe aufer a socio pedes tuos, ne

148. Pigeat tui, nec te eligat sodalem.

149. Cor ecce, corpus ardet expetitque

150. Et tedet eius quando uilefiet.

151. *Sis[25] unus ore & corde amice fili*

152. *Non ore leui cum manu pilosa*

153. Sis unus & uerbo simulque facto

154. Non ut zohar, specu libris citatus

155. Facias ægenis gratiam pudice

156. Patronus occultæ necessitati.

157. Pro uiribus tua dona largiare,

158. Nam est turtur æquiualens oui capræque.

159. Et da petenti, haud si dabis, responde.

160. Et sufficit, tua si manus restricta est.

Lies in groben Kleidern, davon hat ein Mann Ruhm und Ehre.
Ruhe und schlafe wenig, mein Sohn, denn durch Wachen wächst die Leidenschaft.

Von der Trägheit des Geistes halte dich fern, wichtiger ist es, dass du anregst, als dass du angeregt wirst. Und in deiner freien Zeit diskutiere über das göttliche und allerheiligste Gesetz. Denn jene wird nicht gewährt, damit du angefüllt wirst im Innersten mit Wein und Fleisch, sondern damit du ruhst. Es ist dies der siebte Tag.

Und dies ist sein Geheimnis und die Art, Tag und Nacht zu beten vor dem heiligen Altar, mit geneigtem Haupt und Ehrfurcht,

Streite aber nicht um diese Orte, dafür ist kein Platz für den Sockel. Der Mann verleiht die Zierde seinem Platz, aber nicht der Platz dem Mann.

Wenn dir jemand befiehlt, soll das Gesetz Gottes gelesen werden.

< >

Handle zügig, damit du nicht die Schar abwägst.
Wenn du von einer Stadt in die andere gehst, mache dasselbe, indem du das Gesetz beachtest, auch wenn es jemandem lästig ist.
Nimm oft deine Füsse von dem Kameraden, damit es dich nicht reut, und er dich nicht zu seinem Kumpel macht.
Sieh das Herz, der Körper brennt und verlangt und ist seiner überdrüssig, wenn er wertlos wird.
Sei eins mit Mund und Herz, mein Sohn, nicht mit leichtem Mund und haariger Hand.
Sei eins in Wort und Tat, nicht wie Zohar, [Höhle, Pfunde, schnell]
Gib den Armen dein Wohlwollen sittsam.
[Sei] Schutzherr für die versteckte Armut.
Gib deine Geschenke nach deinen Kräften, denn die Taube ist soviel wert wie das Schaf oder die Ziege. Gib dem Bittenden ; wenn du nicht gibst, rede mit ihm. Es ist in Ordnung, wenn deine Hand sparsam ist.

---

[24] Wolf: „pudere".

[25] Wolf hat diese beiden Zeilen weiter unten eingesetzt.

161.	Sunt uerba iusti cuncta cum quiete.	Die Worte des Gerechten sind alle mit Ruhe.
162.	De moribus uox stulta, uox tonitru.	Von der Moral dumme Rede, Rede mit Lärm ; verabscheue die böse Zunge mit dem Sprecher, die wie ein Schwert oder ein Messer für kümmerlichen Lohn ist.
163.	Linguam malam cum auctore abominare,	
164.	Quæ ut ensis & mercedulae nouacla est.	
165.	Vitare dictum turpe cogitabis,	Denke daran, das schlimme Wort zu meiden, denn oft wird der Tüchtige von Possen mitgerissen.
166.	Nam sæpe fortis scurrili mouetur.	
167.	Calumniam dicendo & audiendo	Vermeide Beleidigungen auszusprechen oder anzuhören, sie sind Hauptanlass zum Streit.
168.	Fuge, litis irritatio est caputque.	
169.	Si quis tibi arcanum suum recenset,	Wenn dir jemand sein Geheimnis anvertraut, soll das Grab des Herzens es verschliessen. Dann verberge vor ihm Geheimnisse, schliesse deine Lippen,
170.	Conclaue cordis seruet id sepultum.	
171.	Tunc ante eum secretiora c(o)ela	
172.	Claude ostium labij tui, reclude	

< >

< >

schliesse sie, wenn jene fliessen, in seinen Fesseln wirst du gebunden sein.

173.	Claustrum tuum, si liquescat illud,	
174.	In uinculis eris eius alligatus.	
175.	Iram relinquas, reprimas furorem.	Lass ab vom Zorn, unterdrücke die Wut, die das Haupt der Propheten zurückgeworfen hat.
176.	Caput prophetarum furor reiecit.	
177.	Superbiam execrando abominare,	Verabscheue den Hochmut, und verfluche einen solchen hochmütigen Mann.
178.	Hominemque detestare sic superbum.	
179.	Sublime cor costas suas diremit,	Das hochstrebende Herz hat seine Rippen geteilt, und zeitig den Hals ihm gebrochen.
180.	Et tempore est ceruix sibi refracta.	
181.	Sermo eius est singultus & putredo,	Seine Rede ist ein Krächzen und eine Fäulnis, ein Gestank für die Nasen des Zuhörers.
182.	Et naribus f[o]etor extat audientis.	
183.	Decet superbiam uocare sordes.	Hochmut muss man Schmutz nennen.
184.	Sapiens licet sis Daniel & Esdra.	Sei weise wie Daniel und Esdra. Zahlreiche Ehren werden dem demütigen folgen, und wenn du den Stolz fliehst, wirst du die Macht erlangen.
185.	Humilem tamen frequens honor sequetur.	
186.	Fugiensque fastus regna consequeris.	
187.	Acquire amicos per benigna uerba.	Mache dir Freunde durch gütige Worte, ihren Sinn wirst du nicht mit Erz oder Gold kaufen.
188.	Illorum emes animam sine ære & auro.	
189.	Hæc regula est, uenerabere uniuersos	Dies ist die Regel, verehre alle [Menschen], auch wenn sie von niederem Stand oder Grad sind.
190.	Quamuis statu sint infimo graduque.	
191.	Non iudices facie tenus uel ullum.	Beurteile niemanden nach seinem Aussehen, für arm wird mancher angesehen, der mächtig ist.
192.	Vilis putatur sæpe qui potens est.	
193.	Secreta ne uulgi sodalitati	Die Kunst soll die Geheimnisse nicht der Kameradschaft des Pöbels öffnen, erfundene oder vernommene.
194.	Patefiat ars, inuenta seu recepta.	
195.	Num pauperi ridendus es, recensens	Sei nicht dem Armen zum Gelächter, wenn du seinen Geldbesitz durchleuchtest. Lass weg die Glücksspiele um Geld und dergleichen.
196.	Ærarij eius gloriam decusque.	
197.	Ludosque talorum & pares omitte.	
198.	Illorum – ut idola – arma cuncta frange.	Zerbreche alle ihre Waffen wie Götzenbilder. Gehe also weit weg von deren Platz, ihr Anblick sei dir verboten, weil sie den Leuten der Grund für ihre Nacktheit ist,
199.	A sede porro eorum abito longe,	
200.	Cuius sit aspectus tibi nephandus.	
201.	Quia gentibus sit causa nuditatis	

<b iij>

< >

202.	Vt ambulent in frigore absque ueste.	dass sie in der Kälte gehen ohne Kleidung.
203.	Primo uocatur risus, at subinde	

204.	Fletus latens, & finis est amarus,
205.	Famæ notam ne inusseris loquendo.
206.	Suspectio sit moris nulla turpis.
207.	Servum uide domini, fuit ministrans
208.	Labio absque, camisiam gerens sine ora.
209.	Fili, tuæ iam nuptiæ coruscant
210.	Gratissimam ad ceruam tuum tene cor.
211.	Ad gratiæ ceruamque nobilemque,
212.	Illaque non extranea, salax sis.
213.	Vide tuam, dilecte mi, figuram
214.	Formamque ne corruperis decoram.
215.	Si occurrerit qui forte rete tendat
216.	Foueam tibi fodiendo, iamque fodit,
217.	Trahe illum ad inquisitionis aulam
218.	Illic ei persolue iusta stulto.
219.	Tibi si calet cor ad scelus patrandum
220.	Ascende Bethel ut refrigereris
221.	Et tunc scias, iudex deus quod hic est
222.	Et par erit sementis atque messis.
223.	Fili te adhuc ardor tenet iuuentæ,
224.	Ardesque ut ignis ardet in camino.
225.	Cessa uenire ad hortulum supremi,
226.	Scandas ut in palmam atque ut apprehendas
227.	Ramum, quot autem ascenderant cadentes?
228.	Hoc qui uiretum euulserant amoenum.
229.	Sic ne appetas rationem habere legis
230.	Nostri dei, sed dic, quia ordinatum est.
< >	
231.	Spectaque dum transiuerit iuuenta,
232.	Et igneum extinguat rogum senecta.
233.	Sit fortiorque intelligentiæ vis
234.	In lege, mensque ut turris eleuata.
235.	Vade ad uiros sacræ professionis
236.	Et tunc moue argumenta quæstionum.
237.	Quæ causa sit ceremoniis requirens
238.	Dum uideris rationibus patere.
239.	Accede demum arcana de Beresith[26]
240.	Et exeas ad lumen a tenebris.
241.	Rem scire Adæ, sui adminiculique.
242.	Nudi ut prius, circumligantque rete
243.	De filiis mysterium duobus
244.	Et de minore priuilegiato.

Zuerst wird gelacht, aber dann verstecktes Weinen, und das Ende ist bitter, damit du nicht das Merkmal des Gerüchts durch Reden einbrennst.

Keinen Verdacht schändlicher Moral soll es geben. Sieh den Diener des Herrn, er hat gedient ohne Lippe/Rand, das Hemd ohne Saum tragend.
Mein Sohn, jetzt blitzt deine Hochzeit. Richte dein Herz auf die anmutige Hindin[!], an die edle, und jene sei dir nicht fremd, sondern begehre sie.

Sieh deine Gestalt, mein Sohn, zerstöre nicht ihre Form und Zier.
Wenn jemand dir begegnet, dir mit einem Netz eine Falle zu graben oder schon gegraben hat, zieh ihn in den Gerichtshof und zahle dort diesem Dummkopf das Passende.
Wenn dir das Herz glüht, ein Verbrechen zu begehen, gehe nach Bethel, damit du abkühlst und dann weisst, Gott der Richter ist hier und wird gleich sein der Saat und der Ernte.

Mein Sohn, noch brennt in dir das Feuer der Jugend, wie das Feuer im Kamin.
Hör auf, in das Gärtchen des Höchsten zu kommen, steige auf die Palme und ergreife den Zweig ; wieviele aber waren nach dem Aufsteig herabgefallen ? Die diese liebliche Wiese bekannt gemacht hatten.
Begehre nicht, den Sinn des göttlichen Gesetzes zu haben, sondern sage, was angeordnet ist.

< >
Sieh zu, während die Jugend vergeht und das Alter das Feuer löscht.
Die Macht der Intelligenz sei stärker im Gesetz, der Verstand wie ein hoher Turm.
Gehe zu den Männern des heiligen Berufs und dann bewge die Argumente der Fragen,
Warum die Zeremonien sind, während du den Gedanken offen zu sein scheinst.
Gehe zuletzt an die Geheimnisse der Bereschit und du sollst gehen an das Licht aus dem Dunkel.
Die Sache der Ada[30] wisse und ihre Stütze.
Nackte wie vorher, und sie umschlingen mit einem Netz
Mysterium von den zwei Söhnen und dem jüngeren bevorzugten.
Der Stand des Paradieses und des Baumes des Lebens und die Menge auf der Palme und dem Stamm, und hebe das Herz zu den Cherubim, damit es aufblüht.

---

[26] Bereschit ist ein Abschnitt des 1. Buch Mose.
[30] Eine Ehefrau des Esau, Mutter des Eliphas.

245.	Status paradisi arborisque uitæ	Dir leuchte das Licht der Cherub-Flamme in vier Strömen, das Feuer in ihm gespiegelt überall, um den Garten Eden zu bewachen.
246.	Et quantitas in palmite atque trunco,	
247.	Et ad cherubim cor leua ut nitescat.	
248.	Tibi quattuor fluuiis resplendeat lux	Danach wird dir das unergründliche Merkabah geöffnet werden, wo der höchste Tag angekündigt für deine Seele bevorsteht, die in das Bündel der Lebenden eingebunden ist.
249.	Flammae cherub, ignis reflexus in se.	
250.	Circum undique ad custodiam Gan Eden.	
251.	Post hac tibi Mercaua[27] detegetur	
252.	Profunda ualde, ubi dies suprema	
253.	Adnunciata animæ tuæ restabit	Sie soll in den Himmel aufsteigen, und der Körper ins Grab, wie durch des Wirbel des Thesbita hochgehoben.
254.	Intra globum uiuentium inuolutæ.	
255.	Scandetque coelum, & corpus ad sepulchrum,	Hier ist der Schluß, den guten namen nehmen, was sich für jeden Markt gehört.
256.	[Eliae] Thesbitæ[28] instar turbine eleuati.	
257.	Hic finis est, bonum capesse nomen	
258.	Quod præstat omni nundinationi.	
	< >	< >
259.	Tres sunt coronæ, nomen at bonum illud	Es gibt drei Kränze, aber jener gute Namen. Kranz wird auf Kranz gesetzt. Gott bekränze dich also mit seinem Schild, Dir sei diese Gnade Panzer und Helm.
260.	Corona ponitur supra coronam.	
261.	Deus ergo te scuto suo coronet,	
262.	Tibi gratia ha[e]c thorax sit & galerus.	
263.	Cum filia coætanea iocare	Mit der gleichaltrigen Tochter scherzen Gebe euch Gott, wie dem Abraham und der Sara.
264.	Vobis deus det, ut Abrahæ atque Saræ.	

---

[27] In der jüdischen Mystik ein himmlischer Raum, auch: Merkaba oder Merkabah.
[28] Angeblich ein jüdischer Schiftsteller, der Verfasser eines „Lexico".

Finit Rabi Ioseph Hyssopæus, quem transtulit de hebraico in latinum Ioannes Reuchlin Phorcensis legum imperialium doctor, Cæsareae maiestatis archiducis Austriæ, illustrissimorum imperij electorum & cæterorum principum in confoederatione Sueuiae iudex ordinarius. Anno MDXII sexto kalendas Martias.

Tubingæ in ædibus Thomae Anshelmi Badensis, mense Martio.

Hier endet [das Gedicht des] Rabbi Joseph Hyssopäus, das Johannes Reuchlin aus Pforzheim, Doctor der kaiserlichen Rechte, ordentlicher Richter der kaiserlichen Majestät, der Erzherzogs von Österreich, der Hochwohlgeborenen Kurfürsten und der anderen Fürsten im Schwäbischen Bund, aus dem Hebräischen ins Lateinische übersetzt hat. Im Jahre 1512 am 25. Februar.

Tübingen, in der Druckerei des Thomas Anshelm aus Baden-Baden, im März [1512].

Abbildung 2: Druckermarke des Thomas Anshelm

Literaturverzeichnis

Abel/Leicht. *Verzeichnis der Hebraica in der Bibliothek des Johannes Reuchlin.* Ostfildern: Thorbecke, 2005.

Cohen / Liberman / Schrijver, Hrsg. *A Journey through Jewish Worlds: Highlights from the Braginsky Collection ...* Amsterdam, 2009.

Ezobi. Bd. 6, in *Encyclopedia Judaica*, 651 f. New York, 2007.

Ezobi, Rabbi Joseph. *Lanx argentea / Ke'arath Keseph.* Übersetzung: Johannes Reuchlin. Tübingen: Anshelm, 1512.

Flörken, Norbert. „Der Streit um die Bücher der Juden. Ein Lesebuch." *http://www.ub.uni-koeln.de/bibliothek/pub/eschriftenreihe/index_ger.html.* Herausgeber: USB Köln. 2014. http://kups.ub.uni-koeln.de/id/eprint5731 (Zugriff am 08. Juli 2015).

Freedman, I. „The Silver Bowl." *The Jewish Quarterly*, 1896: 534 ff.

Hirsch, S. A. „Johann Reuchlin. The father of the Study of Hebrew among Christians." *The Jewish Quarterly*, 1896: 445 ff.

Kestenbaum, Hrsg. *Catalogue of fine Judaica. Printed Books, autograph Letters, Manuscripts ...* New York, 2006.

Kestenbaum, Hrsg. *Catalogue of fine Judaica. Printed Books, autograph Letters, Manuscripts ...* New York, 2011.

Mercier, Jean, Hrsg. *Cantica eruditionis intellectus ... et paropsis argentea auctore R. Joseph Hyssopaeo.* Paris: Morel, 1561.

Reuchlin, Johannes. *in septem psalmos poenitentiales hebraicos interpretatio de verbo ad verbum ...* Tübingen: Anshelm, 1512.

Rousse-Lacordaire, Jerome. „Verbum mirificum. A propos du nom pentagramme et de la marque de Thomas Anshelm." *Revue des sciences philosophiques et theologiques*, 2004: 3 ff.

Schirmann/Fleischer. *The History of hebrew Poetry in christian Spain and southern France.* 1997.

Schwab, Moise. „Un Incunable hébreu." *Revue des Études juives*, 1886: 119 f.

Wolf, Johann Christoph, Hrsg. *Bibliothecae Hebraeae volumen iii.* Bd. 3. Hamburg/Leipzig: Felginer, 1727.

—. *Bibliothecae Hebraeae volumen iv.* Bd. 4. Hamburg: Felginer, 1733.

Index